Stephan Laube

Das Leben ist kein Traum

Gedichte

FRIELING

Bibliografische Information der Deutschen Nationalbibliothek
Die Deutsche Nationalbibliothek verzeichnet diese Publikation in der Deutschen Nationalbibliografie; detaillierte bibliografische Daten sind im Internet über http://dnb.d-nb.de abrufbar.

Eine Marke der Frieling & Huffmann GmbH & Co. KG
Rheinstraße 46, 12161 Berlin
Telefon: 0 30 / 76 69 99-0
www.frieling.de

ISBN 978-3-8280-3282-8
1. Auflage 2015
Umschlaggestaltung: Michael Reichmuth

Printed in Germany

Inhaltsverzeichnis

1. Teil

Du wirst geboren

Für immer

Er suchte seine Zukunft.
Er blieb bei ihr stehen.
Bei ihr kam er zur Vernunft.
Sie konnte auch nicht weggehen.

Sie sah einen netten Mann.
Sie wollte wissen, wie er ist.
Ihr Auftreten zog ihn an.
Sie hatte ihn im Traum geküsst.

Sie haben sich gefunden.
Wollen für immer beisammen bleiben.
Ihre Herzen wurden heute offiziell verbunden.
Zwei Ringe am Finger sollen sie für immer vereinen.

Vater

Ich war dabei,
Als du auf die Welt kamst.

Ich war dabei,
Als du das erste Mal atmetest.

Ich war dabei,
Als du das erste Mal lachtest und weintest.

Ich bin
Als Vater in deinem Leben.

Baby sein

Neugeboren ohne Fehler.
Kein Makel.
Alles in Ordnung.
Es steht alles auf einem stabilen Pfeiler.

Er lacht und weint,
Freut sich und schreit,
Vor allem in der Nacht,
Bis alle aufgewacht.

Hunger und Durst.
Halt ihn auf dem Arm.
Hat immer Lust.
Hauptsache Aufmerksamkeit und schön warm.

Quatsch

Zeig mir was Neues.
Ich vertraue darauf, denn ich kenne es nicht.
Es ist nichts Schlimmes.
Ich ziehe Grimassen im Gesicht.

Ich benutze meinen Mund.
Zeig euch meine Zunge.
Gebe sprudelnd meine Freude kund.
Ich kreische aus voller Lunge.

Bringe euch ein Lächeln.
Ihr könnt darüber lachen.
Ins Herz frische Luft will ich euch fächeln.
Ich kann nur gelernten Quatsch machen.

Neugierde

Was ist denn das?
Das kenn ich nicht, das Ding.
Macht bestimmt Spaß.
Macht einfach Bing.

Will es anfassen und beißen.
Schmeckt nach Unbekannt.
Kann den Geschmack nicht zuweisen.
Wie wird es bloß genannt?

Die Eltern wundern sich.
Nur kosten mit dem Mund.
Er nimmt zum Beispiel gleich den Tisch.
Ist egal, ob eckig oder rund.

Körperflexibilität

Mit den Fingern die Zehen gestreckt.
Körper selbst gehalten.
Weiterkommen – gut gestalten.
Mit Kraft den Körper geweckt.

Kopf hochgehalten.
Arme und Beine weggestreckt.
Mit einem Freudengeschrei
Fröhlich gestalten.
Seine Aufgaben logisch gesteckt.
Drehen auf die Hand.
Hochgedrückt.
Mit Kraft in den Stand.
Der Schritt geglückt.

Stille

Still.
Kann nur deinen Atem hören.
Will
Deine Ruhe nicht stören.
Kann
Dich fühlen, dich beruhigen.

Halte dich fest
Ohne Hintergedanken.
Wenn du mich lässt, öffne ich unsere Schranken.

Von Kindern lernen

Wenn man will,
ob laut oder leise,
probiert man, bis es geht.
Denn man will.

Sie zeigen wie,
wenn man sie beobachtet,
wenn man sie betrachtet.
Nachmachen und wie.

Ihre Hartnäckigkeit,
bis sie ihr Ziel erreicht haben.
Ihr unaufhörliches Probieren,
ihre erreichte Fröhlichkeit.

2. Teil

Körper und Seele

Ablauf

Als ich klein war,
Wollte ich was für mich Wichtiges sagen.
Ich lachte zwar,
Wollte was für mich Wichtiges fragen.

Ich war nun größer.
Lebte ohne Angst.
War kein Spießer.
Tat aber, was du als Elternteil verlangst.

In der Jugend blieb der Verstand.
Denn ich ließ mich nicht erwischen.
War außerdem wortgewandt.
Fühlte mich recht ausgeglichen.

Habe viel erlebt.
Negatives und viel Gutes.
Das Leben habe ich erstrebt.
War vollen Mutes.

Atmen

Ein tiefer Atemzug
lässt dich leben.
Das Ergebnis
macht dich frei.
Das wolltest du erstreben.
Beruhigend strömt die Luft in dich rein.
Du spürst die Lungen wieder in dir.
Das Leben ist nicht nur Schein.
Es erfüllt sich deine Luftgier.

Ich bin ich

Ich höre,
bin aber kein Punker.
Ich fühle,
bin aber kein Experte.
Ich bin erfahren,
bin aber kein Könner.

Zweites Ich

Wenn du am kurzen Hebel sitzt,
Bin ich am langen
Und ohne Furcht behaupte ich dich.

Wenn du blind bist,
Hab ich genaue Sicht
Und erkenne deine Fehler.

Wenn du falsch liegst,
Erkenne ich deine Fehler
Und öffne dir die Augen.

Wahrheit

Schilderst deine Probleme,
Klagst an,
Willst eine Lösung sehen,
Bist der Wahrheit nah.

Bekommst eine unzufriedene Antwort.
Die Frage abgestritten.
Du bist über die Antwort empört.
Dein Wunsch bleibt unerfüllt.

Die Wahrheit gefällt dir nicht.
Du kannst die Wahrheit nicht ertragen.

Du begreifst die Sicht – kannst aufhören zu fragen.

Das Innere zählt

Nur das Verhalten
zeigt den Inhalt.
Nur das Denken
hat Gesicht.

Das Innere zählt,
unverwechselbar.
Der Geist wählt
einfach klar.

Die Kunst,
zu erkennen,
Den Dunst
Richtig zu benennen.

Wer bin ich

Ich war jemand anders.
Merkt' es nicht gleich.
War woanders.
War im falschen Bereich.

Körpersprache

Mein Körper ist kurz.
Sparsam.
Einfach steif der Körper.
Die Heilung kommt langsam,
doch die Bewegung ist fühlbar.

Der Flug endet in Bewegung.
Kein langer Schritt.
Hier und dort Besserung.
Die Freude darüber kommt mit.

Wunder

Es klebte
An der rechten Stelle.
Ich lebte.
Ich fuhr auf der Gesundungswelle.

Die Füße gingen vor.
Stand da.
Schritte zum Eingangstor.
Das Wunder ist wahr.

Schwarze Johannisbeere

Man sucht,
Was macht mich gesund.
Was man nicht als Tabletten nimmt.
Was zu trinken für den Mund
Und auch Freude bringt.

Der Saft ist nicht schwarz und dunkel,
Wie eigentlich der Name sagt, und man denkt
Er hat ein rotes Funkeln.
Der viele Vitamine schenkt.

Der rote Saft
Zeigt schon durch die Farbe seine Kraft.
Das Getränk macht allein durch Ansehen Mut –
Eben wie gesundes rotes Blut.

Die Stimme

Gehört und nicht reagiert,
gehört und falsch geredet,
gehört, aber nur ich rede.

Sie sprach mit lieber Zunge,
sie sprach zu wenig,
sie sprach aber für mich.

Liebe

Die Menschen, die nahe sind –
umarmen.
Nicht loslassen.
Die Liebe mit Worten umgarnen.
Die Knospe erfassen.

Bewegung

gehen
nicht stehen
stehen
nicht sitzen
sitzen
nicht liegen
liegen
nicht denken
denken
nicht schlafen,
für immer.

Sichtweise

Wenn du blind bist,
habe ich genaue Sicht.
Ich erkenne deine Fehler.
Wenn du falsch liegst,
erkenne ich deine Furcht
und – öffne dir die Augen.

Sinne – Bewegung

Sei leise
und du hörst deinen Atem.
Er sagt dir,
dass du lebst.

Sei aufgeregt
und hör dein Herz.
Es sagt dir,
dass du liebst.

Sei sanft
und spüre deine Haut.
Sie sagt dir,
dass du fühlst.

Sei im Rhythmus und du hörst.
Er flüstert zu dir,
dass du lieben kannst.

Gleich

Einmal gefunden bleibe ich da.
Einmal gegangen – es ist für immer.
Bleib unerschrocken!
Jemand versucht mich wegzuführen.
Mein Wille möchte keine Veränderung.
Sieh nicht zurück!
Sieh nicht voraus!
Bleibe einfach da.
Will mir keine Veränderung gestatten.

3. Teil

Natur und Blumen

Elemente

Ein Korn in der Erde,
Mit Wasser befeuchtet,
Wächst auf Hölzern in einem Metallgitter hinauf,
entfaltet sich wie Feuer in seiner Blüte.

Lebensfreude

Ein seltener Vogel fliegt
durch die Wärme zur Sonne.
Der Glanz der Federn überwiegt,
kein Wind stört seine Wonne.

Am Boden auf der Nahrungssuche
ein Eichhorn.
Hat sein Ziel genau vor Augen,
rennt hin und her.
Rennt, springt bis ganz vorn.
Macht seinen Erfolg zum eigenen Glauben.

Im Wasser blubbern die Fische,
drängen sich wie wild zum Futter.
Es wurde eingeladen zu Tische,
schmackhaft wie Brot mit viel Butter.

Betrachtet

Eine Blume in Farbe gesehen,
Die unerkennbar bleibt.
Den Duft als Botschaft verstehen,
Der Hauch von Vanille den Weg beschreibt.

Ich liebe das, was ich erkenne.

Klimawandel

Der Mond zeigt seine Kälte.
Die Wahrheit kommt zum Schluss.
Die Dunkelheit zählte,
Bevor du gehen musst.

Die Sonne zeigt ihre Wärme.
Wir kümmern uns um die Welt zu wenig.
Dass wir nur zusehen, geht nicht.
Wir brauchen Wärme und Licht.

Jahreszeiten

Der alte Mann hat den Horizont erklommen.
Er hat sein Ziel erreicht.
Nun ist der junge Mann angekommen.
Er legt alles für die Zukunft bereit.

Das Jahr geht seinen Gang.
Es fängt alles an zu blühen.
Die Dunkelheit war schon zu lang.
Die Natur sehen wir nun endlich wieder grünen.

Luftverschmutzung

Man denkt, es endet,
das Leben auf der Welt.
Die Natur gibt auf
bei der verdreckten Luft.
Die Natur aber reinigt.

Die Gesundheit wird noch wichtiger.
Das Leben ist wieder lebenswert.
Ohne Stolpersteine.
Die Gesundheit ist gesichert.

Im Garten

Keine Wolke am Himmel,
ich sitz auf einer Blume herum.
Um mich ein Gewimmel,
es macht summ summ.

Bin jetzt zufrieden,
bin an der frischen Luft.
Keine Störung ist geblieben,
seh mich nicht als einen armen Tropf.

Nichts Schlechtes im Geist,
Warten und Geduld ist meist der Lohn.
Blumen sind Beruhigung,
sind die Genesung.

Die Blume

Die Blume zog sich zurück.
Sie wollte sich nicht mehr zeigen.
Sie kam doch!
Zum Glück!
Ich will mich vor ihr verneigen.
Die Blume war es zufrieden.
Sie ist in meinem Garten geblieben.

Blumen

Als Tulpe geboren,
verbindet Erde und Himmel.
Als Rose gelebt,
verbindet Mut und Zuversicht.
Als Eisblume getaut,
verbindet Anfang und Ende.

4. Teil

Allgemeines

Was Neues?

Was Neues?
Mehr und Mehr.
Der Kopf ist überfordert.

Gefunden, was nicht passt.
Wieder falsch abgebogen.
Bedeutung nicht erfasst.
Das Verständnis weg, ungelogen.

Jemand, der es mir beibringt,
Dass ich es auch verwende.
Jemand, dass es mir auch gelingt,
Dass ich das Neue beende.

Dummheit der neuen Zeit

Der Satz wär fast zum Olymp aufgestiegen,
hätte sein Ziel erreicht.

Ein falsches Wort,
es ward unverstanden,
schickte ihn zu Fall.

Er fällt in den Abgrund,
mit Tücke, Frevel, Brutalität und Gewalt,
auf die Erde,
wo niemand ihn versteht.
Durch Hilflosigkeit und Unschuld
steigt er doch auf zum Olymp,
wo er begriffen wird.

Nicht nur süßer Wein

Du bist wie ein Wein.
Wenn man ihn schwenkt,
verändert er seinen Geschmack.
Er schmeckt gut,
man möchte ihn nicht missen.

Zu viel kann einen betrunken machen.
Er fängt einen auf,
wenn man fällt.
Er entspricht dem Geschmack.

Gelingen

Alles gelingt,
es ist gut.
Nichts verrinnt,
verbessert den Mut.

Es ist perfekt,
kein Umweg.
Es läuft wie geleckt,
kein dünner Steg.

Der Kreis

Man kennt sich nicht,
war sich aber nah.
Man berührte das Gesicht.
Bleib da.
Spätes Erkennen!
Erkenne Änderung.
Ahnung benennen.
Bestehende Prüfung.
Das Ziel war erreicht.

Weniger ist mehr

Nicht so viel, weniger ist gut.
Verdirbt dein Spiel.
Verbrennst sonst in der Glut.
Man sagt, wenig würzen.
Die Zunge soll noch arbeiten.
Den Geschmack nicht kürzen.
Das neue Leben vorbereiten.
Halt dich zurück.
Übertreib es nicht.
Überschätze nicht dein Glück.
Weniger hat mehr Gewicht.

Rätsel

Zu finden.
Auf der Spur.
Nicht erblinden.
Das Ergebnis als Schwur.

Nach einem Versteck,
den Blick zum Ziel.
Der Blick geht nicht weg.
Das Ergebnis bringt viel.

Furchtlos

Eine Stimme
erzählt deine Zukunft.
Das Schicksal
deine Zukunft bestimmt.

Die Zukunft
erzählt von einer Stimme.
Die Nacht
bestimmt dein Schicksal.

Die Furcht
bestimmt deine Angst.
Unbekannte Zukunft
ohne Angst und Furcht.

Der schnelle Frank

Wer eilt hastig durch das Land?
Ohne Halt und Pause.
Es ist der Frank.
Schnell wie der Wind auf Sause.

Ein Gefühl, wie es früher war.
Heute ist die Liebe zu seinem alten Beruf immer noch da.
Als Kellner war er ordentlich und schnell.
Immer freundlich und das Gesicht strahlte hell.

Ständig lässt er auch heute noch seine Blicke schweifen.
Er zeigt mir von seiner Gegend viel.
Man sieht, er hat Flair und Stil.
Seine alte Schnelligkeit kann er sich eben nicht verkneifen.